Christa Baumann &
Stephen Janetzko

Das kleine Büchlein für eine **erlebnisreiche Frühlingszeit** - *Frühling mit Kindern*

Lieder, Spiele, Basteln, Rezepte
und vieles mehr

Alle Lieder verlegt bei
Edition SEEBÄR-Musik Stephen Janetzko, Erlangen
Online-Shop im Internet unter www.kinderlieder-shop.de
Illustrationen: Heike Georgi
Fotos und Zeichnungen: Christa und Wolfgang Baumann
Idee, Notensatz, Umschlaggestaltung,
Grafik und finaler Satz: Stephen Janetzko

ISBN-13: 978-3-95722-502-3

Inhaltsverzeichnis

Inhalt:	**Seitenzahl**

... für eine erlebnisreiche Frühlingszeit mit Kindern!

Liebe Leserin, lieber Leser,
endlich ist der Frühling da! Viele Wochen mussten die Kinder darauf warten, wieder richtig lange draußen spielen zu können.
Schaukeln ohne eiskalte Hände, nur noch eine Mütze gegen den kühlen Frühlingswind- das ist doch wunderschön!
Nach dem kalten Winter erfreuen uns die ersten Blüten.
Kleine Tiere, die sich bisher vor der Kälte in Sicherheit gebracht haben, kommen aus ihrem Versteck hervor.
Mit großem Interesse betrachten die Kinder, wie die Raupe auf den Brennnesselblättern krabbelt und große Löcher hineinfrisst. Bald wird sie sich in einen wunderschönen Schmetterling verwandeln.
Die Schnecke macht sich hungrig über das frische Grün her und verschwindet in ihrem Haus, sobald ihr Gefahr droht. Wer mag sie herauslocken?

Freuen Sie sich mit den Kindern über den Frühling.
Wir wünschen Ihnen viel Freude beim Singen, Spielen, Basteln und allem, was Ihnen zusammen Spaß macht!

Christa Baumann und Stephen Janetzko

Der Frühling ist da

Text und Musik: Stephen Janetzko;
CD "Der Frühling ist da - 20 schönste Kinderlieder im Frühling"

Der Frühling ...

2. Alle Knospen springen auf,
alle Gräser sprießen.
Krokusse und Bärlauchzeit
kannst du jetzt genießen.
Der Frühling ...

3. Hasen hoppeln rechts und links,
legen sogar Eier,
bunt, verziert und angemalt,
für die Osterfeier.
Der Frühling ...

4. Lass uns auf den Spielplatz gehn,
schaukeln, rutschen, bauen,
mit dem Fahrrad zisch ich ab,
tja, da wirst du schauen!
Der Frühling ...

5. Sieh mal, wie der Schmetterling
fliegt in unserm Garten!
Wollen wir genau wie er
einen Ausflug starten?
Der Frühling ...

Weitere Strophe (nicht auf der CD):

6. Endlich wird es wieder warm,
alle Fenster offen.
Dass es immer schöner wird,
wollen wir doch hoffen.
Der Frühling ...

Frühlings-Fensterbild in verschiedenen Techniken

Diese Bastelarbeit erstreckt sich über mehrere Tage. In verschiedenen Techniken entsteht ein Frühlingsbild. Das Kind lernt hiermit unterschiedliche Möglichkeiten der Gestaltung kennen. Es entwickelt dabei Feinmotorik, Auge- Hand- Koordination, Geduld und Ausdauer. Und über ein schönes buntes Werk am Fenster freuen sich Familie und Besucher.
Die einzelnen Elemente des Bildes werden mit angerührtem Tapetenkleister an die Fensterscheibe geklebt. Das hat den Vorteil, dass das Papier später vom Fenster abgezogen werden kann und sich der Kleister leicht mit warmem Wasser abwaschen lässt.

Gras

An der unteren Kante des Fensters wächst das Gras.

Material:

- Tonpapier in grün
- Lineal
- Bleistift
- Schere

So geht's:
Schneiden Sie vom Tonpapier einen Streifen ab, der etwa 5 cm breit und so lang wie das Fenster ist. Reicht die Länge des Papieres nicht aus, dann kleben Sie ein weiteres Stück in der gleichen Breite an.
Das Kind schneidet nun in kurzen Abständen etwa 2 cm tief in einer Längsseite ein. So entstehen einzelne Grashalme.

Soll die Wiese mehr Tiefe erhalten, dann stellen Sie mit dem Kind einen weiteren Streifen her. Beide werden etwas versetzt aufgeklebt. Schon ist die Wiese fertig.

Blumen als Suncatcher

Diese Blüten aus Tonpapier erhalten einen Innenteil aus Transparentpapier. Sie leuchten, wenn die Sonne durchs Fenster scheint.

Material:

- Tonpapier in verschiedenen Farben
- Bleistift
- Schere
- Transparentpapier
- Klebestift oder Alleskleber

So geht's:

Zeichnen Sie mit dem Kind eine Blüte und die gleiche Kontur etwa 1 cm nach innen auf. Es schneidet die Blüte und den Innenteil aus. Bekleben Sie zusammen die Blüte auf der Seite, wo die Bleistiftstriche zu sehen sind, mit Transparentpapier.

Mit ausgeschnittenen Blättern ins Gras kleben.

Gerissene Wolken aus Transparentpapier

Papier zu reißen, ist für Kinder eine feinmotorische Herausforderung.

Material:

- Transparentpapier in hellblau

So geht's:
Betrachten Sie sich mit dem Kind die Wolken am Himmel oder in einem Bilderbuch an. Welche Form haben sie? Das Kind versucht dann, die Wolken aus je einem Stück Transparentpapier zu reißen.

Geprickelte Sonne
Prickeln ist eine Technik, die Geduld erfordert und die Feinmotorik schult.

Material:

- Tonpapier in gelb
- Teller
- Bleistift
- Prickelnadel und Prickelunterlage

So geht's:
Legen Sie den Teller auf das Tonpapier. Das Kind umrundet ihn mit dem Bleistift. Anschließend legt es das Papier auf die Unterlage und prickelt Stich an Stich auf der Bleistiftlinie. Wenn Sie dann mit der Prickelnadel über die Stiche reiben, lässt sich die Sonne herauslösen.

Geschnittene Regentropfen

Material:

- Transparentpapier in hellblau
- Bleistift

So geht's:
Regentropfen aufzeichnen und ausschneiden. Aufkleben.

Hüpfspiel

Malen Sie den Kreis mit Kreide ohne Zahlen auf. Die Kinder versuchen, im Kreis zu hüpfen, ohne auf die Begrenzungen zu treten.
Bei der nächsten Spielrunde hüpfen die Kinder auf die Felder mit den aufgemalten Zahlen von 1 bis 6.
Eine weitere Spielmöglichkeit: ein Kind würfelt mit einem Zahlenwürfel und zeigt ihn. Das andere Kind sucht das entsprechende Feld und hüpft hinein. Dann wird gewechselt.

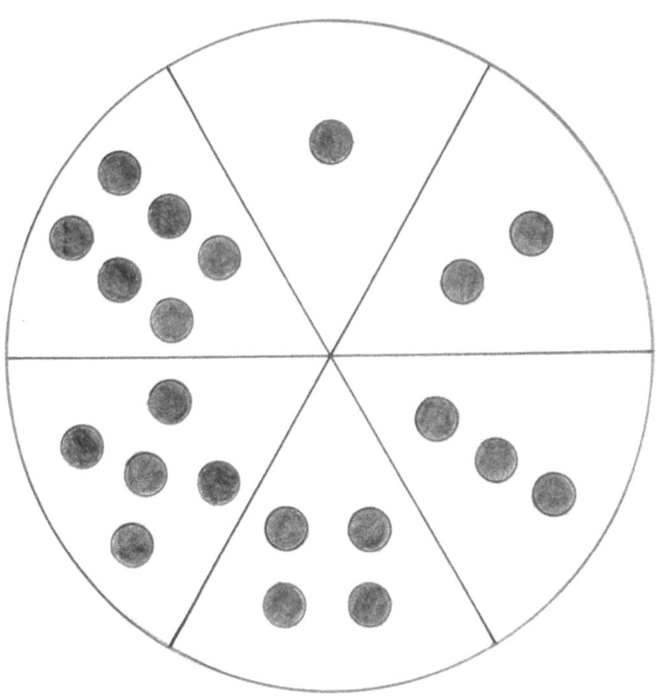

Das Lied von der Raupe Nimmersatt

Text und Musik: Stephen Janetzko;
CD "Der Frühling ist da - 20 schönste Kinderlieder im Frühling"

***Refrain:** Kleine Raupe Nimmersatt ...*

2. Doch am Dienstag, Dienstag, Dienstag, weil sie großen Hunger hat,
frisst sie sich dann durch **zwei Birnen**
und ist immer noch nicht satt, und ist immer noch nicht satt.
***Refrain:** Kleine Raupe Nimmersatt ...*

3. Doch am Mittwoch, Mittwoch, Mittwoch, weil sie großen Hunger hat,
frisst sie sich dann durch **drei Pflaumen**
und ist immer noch nicht satt, und ist immer noch nicht satt.
***Refrain:** Kleine Raupe Nimmersatt ...*

... großen Hunger hat, frisst sie sich dann durch **vier Erdbeern**
und ist immer noch nicht satt, und ist immer noch nicht satt.

Refrain: *Kleine Raupe Nimmersatt ...*

5. Doch am Freitag, Freitag, Freitag, weil sie großen Hunger hat,
frisst sie sich durch **fünf Orangen**
und ist immer noch nicht satt, und ist immer noch nicht satt.

Refrain: *Kleine Raupe Nimmersatt ...*

6. Doch am Samstag, Samstag, Samstag, weil sie großen Hunger hat...

...Abend ist ihr schlecht, und am Abend ist ihr schlecht.

Refrain: *Kleine Raupe Nimmersatt ...*

7. Doch am Sonntag, Sonntag, Sonntag ist ihr gar nicht gut zumut´,
frisst sich durch ein grünes Blättchen.
Endlich geht's ihr wieder gut, endlich geht's ihr wieder gut.

Refrain: *Kleine Raupe Nimmersatt ...*

8. Und zwei Wochen, Wochen, Wochen bleibt sie dann in dem Kokon.
Endlich frisst sie sich nach draußen,
fliegt als Schmetterling davon, fliegt als Schmetterling davon.

Refrain: *Kleine Raupe Nimmersatt ...*

Was frisst die Raupe Nimmersatt?

Die kleine Raupe hat großen Hunger und frisst jeden Tag etwas anderes. Wir stellen diese Lebensmittel aus Zeitungspapier her und spielen später beim Singen damit.

Material:

- Tapetenkleister
- Schraubglas
- Plastikschüssel
- Zeitungspapier
- Kuchengitter
- wasserfeste Flüssigfarben
- Pinsel
- grüner Filz
- dunkler Filzstift
- Schere
- Locher
- Schuhschachtel o. Ä.
- Märchenwolle oder Watte
- Tonpapier
- weißes Papier
- Flüssigfarben
- Pinsel

So geht's:
Den Tapetenkleister nach Anweisung auf der Packung anrühren und in ein Schraubglas füllen.
Zeitungspapier klein reißen und in der Schüssel mit etwas Wasser und Tapetenkleister verkneten.

Obst und Gemüse:
Nehmen Sie von dem Pappmaché etwas Masse ab und formen Sie mit dem Kind daraus einen Apfel. Auf ein Kuchengitter zum Trocknen legen. Die anderen Früchte und Lebensmittel entstehen auf die gleiche Weise. Zeichnen Sie auf den grünen Filz mit dem Filzstift ein Blatt auf und schneiden Sie es aus. Mit dem Locher ein paar Löcher ausstanzen. Die Raupe hat also schon etwas am Blatt geknabbert.
Die Früchte nach dem Trocknen mit der flüssigen Farbe bemalen und danach wieder trocknen lassen.
Die Schuhschachtel außen mit Farbe bemalen und trocknen lassen. Mit Märchenwolle oder Watte auslegen. Jetzt kann das Essen der kleinen Raupe hineingelegt werden.

Schmetterling:
Zeichnen Sie mit dem Kind auf Tonpapier einen Schmetterling auf und schneiden Sie ihn zusammen aus. Anschließend bemalt es ein Blatt Papier bunt mit Farben. Lassen Sie es trocknen. Dann schneiden Sie zusammen bunte Flecken aus und kleben sie auf die Flügel auf.

Spielweise:
Singen Sie das Lied von der kleinen Raupe zusammen. Immer dann, wenn die kleine Raupe Hunger hat und etwas isst, holt das Kind das Obst bzw. die Lebensmittel oder das Blatt aus der Schachtel und legt sie vor sich hin. Wenn der Schmetterling davonfliegt, hält ihn das Kind in der Hand und läuft mit ihm durchs Zimmer.

Heut gehn wir raus (Das Becherlupen-Lied)

Text: Heidemarie Brosche; Musik: Stephen Janetzko;
CD "Der Frühling ist da - 20 schönste Kinderlieder im Frühling"

2. Schau mal, dieser **Regenwurm** gräbt bei Wärme und bei Sturm.
Nur bei Regen kommt er raus, Wasser läuft ja in sein Haus.
Wenn es heiß und trocken ist, wird er von uns sehr vermisst.
Dann hält er den Sommerschlaf in der kühlen Erde brav.
Nein, er ist kein Stubenhocker, macht ja meist die Erde locker.
Schau mal, dieser Regenwurm! La-la la-la la la la.

3. Der **Marienkäfer** dort fliegt rot-schwarz von Ort zu Ort.
Sieht er auch sehr niedlich aus, frisst er doch gern eine Laus.
Mit sechs Krallenbeinen dran, kommt er äußerst flott voran.
Scheint er von Gefahr bedroht, tut er so, als wär er tot.
Bleibt nicht lange scheintot liegen, will ja wieder weiterfliegen.
Der Marienkäfer dort! La-la la-la la la la.

4. Zähl vom **Tausendfüßler** da mal die Beine, dann wird klar:
Sind nur ein paar hundert Stück.
Dennoch fehlt ihm nichts zum Glück.
Droht ein Feind, rollt er sich ein oder krabbelt untern Stein.
Manchmal spritzt er auch mit Gift, hofft, dass er den Gegner trifft.
Hält die Fühler immer sauber und beherrscht den Humus-Zauber.
Dieser Tausendfüßler da! La-la la-la la la la.

5. Guck mal, diese **Raupe** hier ist ein ganz verfressnes Tier,
schmatzt und mampft den ganzen Tag, weil sie Blätter ganz arg mag.
Bald schon wird's ein andres Ding, fliegt dann als ein Schmetterling.
Schlüpft aus einer Puppe raus. Dann ist's mit der Raupe aus.
Darf auf keinen Fall vergessen, sich jetzt tüchtig satt zu fressen.
Guck mal, diese Raupe hier! La-la la-la la la la.

6. Diese **Schnecke** mit dem Haus steckt ihr Köpfchen mutig raus.
Plötzlich aber ist es weg. Hat die Schnecke sich erschreckt?
Beine sieht man nicht am Tier, einen Kriechfuß hat's dafür.

Was die Schnecke ganz arg mag: Wenn es feucht ist Nacht und Tag.
Grünzeug sollt's auch immer geben.
Vorsicht, bleib am Schleim nicht kleben!
Diese Schnecke mit dem Haus! La-la la-la la la la.

7. Schau dir diese **Spinne** an, was die alles weben kann!
Ja, ein solches Netzgeflecht ist zum Beutemachen recht.
Männchen lockt mit Silbergarn, Weibchen legt die Eier dann.
Gerne bleibt sie auch allein, denn sie will in Ruhe sein.
Kriegt sie lange nichts zu beißen, wartet sie ganz ruhig auf Speisen.
Schau dir diese Spinne an! La-la la-la la la la.

8. Diese **Kellerassel** hier ist ein echtes Krebsgetier -
Kiemen hat sie wie ein Fisch. Faules gibt's bei ihr zu Tisch.
Dunkel-feucht liebt sie es sehr, trocken mag sie's nimmermehr.
Schau, im kleinen Beutel dort trägt sie ihre Kinder fort,
bis die Kleinen selber laufen und durch ihre Kiemen schnaufen.
Diese Kellerassel hier! La-la la-la la la la.

Rätsel um große und kleine Tiere

Ein kleiner schwarzer Zwerg,
der hebt alleine einen Berg
(Maulwurf)

Es steht ein Tier im Gras
mit einer langen Nas´.
Hat hohe lange Stiefel an
und ist doch kein Edelmann.
(Storch)

Alle Tage geh ich aus,
bleibe dennoch stets zu Haus.
(Schnecke)

Ich möchte wissen, wer das ist,
der immer mit zwei Löffeln frisst.
(Hase)

Wer hüpft auf den Bäumen ganz flink
und ist doch kein Vogel?
(Eichhörnchen)

Welches Tier ruft seinen eigenen Namen?
(Kuckuck)

Welcher Hahn kann nicht krähen?
(Wasserhahn)

Experiment: Die Schnecke heraus kitzeln

So geht's:
Manchmal findet man eine Weinbergschnecke, die sich in ihr Haus zurückgezogen hat. Das ist sehr schade, denn das Kind möchte sie gerne genau betrachten. Wenn Sie die Schnecke umdrehen, sehen Sie die Unterseite des Fußes. Massiert sie das Kind sie dort ganz sanft und vorsichtig mit dem Zeigefinger, dann kommt die Schnecke nach und nach aus ihrem Haus heraus.
Ob sie wohl neugierig ist?
Vielleicht bekommt das kleine Tier etwas Salat, damit es anschließend fressen kann?

Fingerspiel: Die Schnecke
In unserm Garten wohnt die Schnecke,
langsam kommt sie nur vom Flecke.
Hat die Fühler ausgestreckt.
Huch, jetzt hat sie dich entdeckt!
Schnell zieht sie ihre Fühler ein
und kriecht ins Schneckenhaus hinein.

Spielweise:
Eine Hand zur Faust ballen, Zeige- und Mittelfinger als Fühler herausstrecken.
Bei „Huch" verschwinden die Finger schnell in der Faust.

Fingerspiel: Die Fliege
Schaut, die Fliege
sum, sum, sum,
fliegt um deinen Kopf herum.
Sie fühlt sich wohl bei dir zuhaus,
und ruht auf deiner Nase aus.
Spielweise:
Der Zeigefinger ist die Fliege, die um das Kind herumfliegt und zum Schluss auf seiner Nase landet.

Kitzelspiel:
Kleine Schnecke, kleine Schnecke,
krabbelt hoch, krabbelt hoch.
Und dann wieder runter, und dann wieder runter.
Kitzelt dich am Bauch, kitzelt dich am Bauch.
Spielweise:
Zur Melodie von „Bruder Jakob" singen und mit Zeige- und Mittelfinger spielen.

Krabbelspiel:
Erst kommt die Schnecke,
die kriecht um die Ecke.
Dann kommt der Hase,
der stupst dich auf die Nase.
Dann kommt der Zwerg,
der klettert auf den Berg.
Zum Schluss kommt der Floh,
der zwickt dich in den Po!
Spielweise:
Beginnend bei Bauch kriecht die Schnecke mit der ganzen Hand. Der Hase hüpft mit Zeige- und Mittelfinger bis auf die Nase. Der Zwerg geht mit Fingern auf den Bauch herunter, bis sie das Kind zum Schluss leicht in den Po zwicken.

Rezept: Löwenzahnsalat
Löwenzahnblätter schmecken als Salat sehr lecker. Das mag nicht jedes Kind. Viel milder schmeckt er, wenn er mit Kartoffelsalat vermischt wird.

Zutaten:

- zarte Löwenzahnblätter
- Kartoffeln
- Essig, Öl, Senf

So geht's:
Waschen sie die Löwenzahnblätter und schleudern Sie diese trocken.
Kochen Sie die Kartoffeln als Pellkartoffeln. Wenn sie ein bisschen abgekühlt sind, kann das Kind beim Schälen und Kleinschneiden mithelfen.
Bereiten Sie eine Vinaigrette zu und vermischen Sie Kartoffeln und Löwenzahn.
Guten Appetit!

Löwenzahnkranz
Das mögen besonders die Mädchen.

So geht's:
Zuerst muss das Kind viele Löwenzahnblüten mit möglichst langen Stängeln pflücken.
Aus je drei Stängeln wird dann der Kranz geflochten: einmal wird der rechte Stängel zwischen die beiden anderen gelegt, dann kommt der linke nach innen. Das geht immer wo weiter, wobei immer wieder neue Blüten dazu genommen werden.
Ist der Kranz lang genug, werden die übrigen Stiele nach unten genommen und alles mit einem Stück Band zusammengeknotet.

Löwenzahn (Toll! Toll! Toll!)

Text: Brigitte Rondholz; Musik: Stephen Janetzko;
CD "Der Frühling ist da - 20 schönste Kinderlieder im Frühling"

2. Wir finden ihn so wunderschön,
so goldig leuchtend anzusehn.
Im Frühjahr blüht er sonnig gelb
in Gärten, Wiesen, auf dem Feld.
Gelb, gelb, gelb! Er leuchtet auf dem Feld!
Gelb, gelb, gelb! Er leuchtet auf dem Feld!

3. Er wiegt sich wohlig sanft im Wind
und duckt bei Regen sich geschwind.
Er strahlt im hellen Sonnenschein
und zieht des Nachts die Blüte ein.

Schein, Schein, Schein! Er zieht die Blüte ein.
Schein, Schein, Schein! Er zieht die Blüte ein.

4. Die Mädchen finden's wunderbar,
sie stecken Blüten sich ins Haar.
Und mit dem gelben Blütenkranz
da machen sie den Löwentanz.
Kranz, Kranz, Kranz! Sie machen einen Tanz!
Kranz, Kranz, Kranz! Sie machen einen Tanz!

5. Die Jungen kommen rasch herbei,
bei diesem Tanz sind sie dabei!
Sie sind ganz höflich und sehr nett
auf weichem Löwenzahnparkett!
Nett! Nett! Nett! Auf Löwenzahnparkett.
Nett! Nett! Nett! Auf Löwenzahnparkett.

6. Auch Bienen lieben Löwenzahn
und fröhlich fliegen sie heran.
Ich freu mich im Vorübergehn
und lass ganz viele für sie stehn!
Gehn, gehn, gehn, ich lass ganz viele stehn!
Gehn, gehn, gehn, ich lass ganz viele stehn

7. Und ist die Blütezeit vorbei,
dem Löwenzahn ist's einerlei.
Er zieht sich um zur Sommerzeit
und trägt sein Pusteblumenkleid.
Zeit, Zeit, Zeit, sein Pusteblumenkleid.
Zeit, Zeit, Zeit, sein Pusteblumenkleid.

Experiment: Löwenzahn im Wasserglas
Wie bekommt ein Löwenzahnstängel Locken?

So geht's:
Schneiden Sie einen Löwenzahnstängel von unten her mit einem Messer ein. Wenn das Kind ihn in Wasser stellt, ringelt er sich und sieht dann aus, als wenn er Locken bekommen hätte.

Spiel: Pusteblumen-Wettblasen
Wer schafft es, die Samen seiner Pusteblume am weitesten zu blasen?

So geht's:
Die Kinder stellen sich nebeneinander und halten eine Pusteblume in der Hand. Auf ein Zeichen blasen alle die Fallschirmchen von ihrer Pusteblume.

Spiel: Himmel und Hölle
Auch mit Pusteblumen kann man dieses beliebte Spiel probieren, das normalerweise aus Papier gefaltet wird.

So geht's:
Nachdem die Fallschirmchen weggeflogen sind, können die Kinder den Blütenboden anschauen. Es gibt dabei helle, die „Himmel“ bedeuten oder andere, die dunkel sind und damit „Hölle“ ausdrücken.

Biene als Pflanzenstecker

Diese Biene wohnt bei einer Pflanze.

Material:

- gelbes Tonpapier
- Bleistift
- Schere
- brauner Stift
- dünner Holzstab
- Alleskleber

So geht's:

Das Kind zeichnet eine Biene mit Körper, Kopf, Beinchen und Flügel auf und schneidet sie aus.

Dann bemalt es sie mit braunen Streifen, Augen und Beinchen. Kleben Sie zusammen den Stab an den unteren Rand. Jetzt kann die Biene in einen Blumentopf gesteckt werden.

Die Lieder zum Buch findet Ihr hier:

CD „Der Frühling ist da - 20 schönste Kinderlieder im Frühling"

Interpret: Stephen Janetzko

Ein einzigartiger und zugleich bewährter Liederschatz mit vielen neuen Frühlingsliedern, Hasentänzen, Osterliedern und Liedern zum Muttertag. Von der kleinen Raupe, den Weidenkätzchen, dem Bauern auf dem Feld, von Löwenzahn, Schmetterlingen und der Sonnenkäferfamilie - hier kommen 20 neue Lieblingslieder zum Mitsingen, Lernen, Nachsingen und Tanzen im Frühling. Geeignet sind sie für junge Kinder und Familien sowie die pädagogische Arbeit im Frühling für Krippe, Kindergarten, Kita und die ersten Schuljahre.

Gesamtspielzeit ca. 61:10 min. Label KINDERLIEDER

EAN 4260466390305 - Best.-Nr. KL2017005

Überall im Buchhandel und Tonträgerhandel.
Ebenfalls ist separat das Liederbuch erhältlich.

Webseite Verlag Stephen Janetzko: ***... mehr Info, mehr CDs, mehr Lieder & Noten: www.kinderliederhits.de***